L'EVEIL DES CONSCIENCES

1. La Rencontre des Âmes

Renée La Graine

SOMMAIRE

Préface

Introduction

PREFACE

Je me trouvais à Paris, plus exactement en banlieue parisienne quand j'ai commencé à écrire les premières lignes de ce livre.

La dernière nuit de mon séjour, j'ai vu une histoire en songe. Je me suis levée au petit matin imprégnée de cette fabuleuse aventure, en connaissant chaque détail de chaque personnage et de chaque lieu que je n'avais pourtant jamais rencontré ou vu auparavant.

Mais… ce fut bien plus qu'un rêve, j'en suis convaincue; puisqu'il m'a ouvert une fenêtre sur un futur mystérieux et une sensation de fantastique qui ne me quittera plus.

Mon intellect, ma spiritualité et ma morale ont été remis en cause par cette histoire et les messages qu'elle véhicule. Bien que je la connaisse par cœur, je ne suis qu'un instrument servant à la traduire afin de vous la partager.

C'est avec ma plus profonde affection que je vous souhaite une bonne lecture et plus encore… un bon "voyage" !

Renée La Graine

INTRODUCTION

C'est l'histoire de Kery, banlieusard né en France dans les années 80, d'origine Sénégalaise. Un homme intelligent qui survit à son époque, une époque devenue difficile, un avenir voué à l'échec. Kery jongle entre de petits jobs et le rap. Le rap qui est devenu pour lui une échappatoire de son monde, un monde qu'il conte malgré tout en musique.

Un soir tout bascula pour Kery. Rêve ou cauchemar ?

Kery se réveilla un beau matin de printemps sur la planète terre et pourtant de cette planète il ne connaissait rien !

Mais… ce n'est pas que l'histoire de Kery. Il est un personnage parmi tant d'autres et en lisant cette aventure, vous comprendrez que c'est surtout l'histoire d'un autre monde que nous connaissons tous, au plus profond de chacune de nos cellules… Car c'est l'histoire de "La rencontre des Âmes".

Renée La Graine

CHAPITRE 1
Le réveil de Kerry

Nous sommes un beau matin de printemps, Kery est allongé dehors sur le sol, il paraît inanimé. Un chant mélodieux d'oiseaux berce son âme, le soleil caresse sa peau et réchauffe son cœur.

Doucement il bouge, ouvre les yeux, il est là au milieu de nulle part, entouré par la végétation. Il y a d'immenses arbres fruitiers de toutes sortes, les rayons du soleil qui passent à travers le feuillage sont puissants et doux à la fois.

Il ne sait pas où il est, mais il ressent un réel bien-être intérieur.

Il s'assoit et s'aperçoit qu'il est par terre sur un emplacement propre et net. Il se trouve sur un lit composé de magnifiques fleurs. Ce confort naturel ou peut être bien surnaturel ne semble pas être le fruit du hasard.

Il se lève doucement, un peu groggy. Il n'est pas souffrant mais semble redécouvrir son corps, un peu comme s'il réapprenait à marcher.

Autour de lui le décor est magnifique; des plantes immenses et sublimes, et les oiseaux chantent comme s'ils répétaient une symphonie.

Cela semble absolument irréel pour Kery, ses yeux et ses oreilles voient et entendent des choses qui paraissent venir tout droit du Paradis.

— JE SUIS MORT ! s'écrit Kery.

Il avance doucement, sûrement, tournant la tête de tous les côtés. Il entend de l'eau qui coule comme une petite cascade et son odorat est taquiné par des senteurs et parfums envoûtants.

Tout son corps, tout son esprit, toute son âme ressentent un bien-être indescriptible pour le commun des mortels, c'est intense comme s'il pouvait sentir son âme vibrer.

Il continu d'avancer. Au bout de dix minutes de marche, il se retrouve face à une sorte de mur invisible, il le touche doucement, le caresse, il ressent des picotements à son contact, lève les yeux et voit les oiseaux passer au-dessus de lui.

Le mur a une limite ? Les oiseaux passent à travers ? Kery n'y comprend rien.

Soudain, il entend un rire, celui d'un enfant.

Kery se mit à hurler :

— HE HE HEEEEEEEE JE SUIS COINCE JE SUIS LA JE SUIS…

…je ne sais même pas où je suis, se murmurât-il.

Une voix fluette surgit :

— Je t'entends, inutile de crier !

— TU ME VOIS ? JE TE VOIS PAS ! JE SUIS LA…

— Doucement sois tranquille, reprit la petite voix.

Une petite fille apparue. Kery resta subjugué par sa beauté, et quand il l'aperçut, un sentiment nouveau l'envahi. Il ressentait l'innocence de cette enfant, sa pureté, son amour, c'était comme s'il pouvait voir son âme.

D'un coup, il eut un vertige et s'adossa à un tronc d'arbre, il se laissa glisser doucement à terre pour s'asseoir. Il regarda à nouveau la petite et lui dit :

— Où suis-je ?

— Quelle question ! Sur la terre !

— Ok dans quel pays ?

— Nous sommes en France mais moi je viens du Costa Rica.

— Bon, ok ok… y'a moyen que tu appelles ton papa ou ta maman ? Faut que je sorte de là !

— Tu n'as qu'à sortir tout seul, tu es assez grand et c'est pas l'électricité statique qui va te tuer, dit la fillette en tournant les talons.

— Attends, attends s'il te plaît, dit Kery en se relevant.

Il se dirigea vers cet espèce de mur invisible, le toucha à nouveau, sentit qu'il y avait de la matière et qu'effectivement il était bourré d'électricité statique.

Il recula, prit une bonne inspiration et traversa le mur en courant, se jetant dessus de tout son poids. Il retomba sur le sol en faisant une pirouette, et se releva fier comme un coq d'avoir traversé cet obstacle.

La petite fille éclata de rire, c'était si joyeux et communicatif que Kery explosa de rire à son tour.

— Tu es vraiment rigolo et c'est la première fois que je vois quelqu'un traverser un mur ainsi ! dit la jeune fille.

— Ravi de t'avoir fait rire ! Moi c'est Kery et toi comment tu t'appelles ?

— Je suis Jenah enfant de la terre, porteuse d'innocence et de joie et j'ai neuf ans !

— Enchanté Jenah enfant de la terre, tes parents c'est des poètes, des babas-cool* peut-être ?

— Ah t'es vraiment rigolo toi !

— Écoute petite Jenah, je suis fatigué, je ne sais pas où je me trouve, tout est flou dans ma tête, je ressens des choses bizarres en moi... bref je me sens chelou* là. On est quel jour ?

— Vendredi, le meilleur jour de la semaine !

— Vraiment ? On est quel mois ? Là j'ai vraiment un trou de mémoire de ouf *!

— Tu parles vraiment un langage étrange frère Kery. A l'école de la connaissance, je n'ai pas encore étudié ta génération, encore moins le siècle d'où tu proviens ! On est Norouz* aujourd'hui, on entre donc dans le mois du renouveau, c'est peut-être pour ça que tu t'es réveillé...

— Je sais pas ! C'est quoi le by* de ma génération, mon siècle ? On est en quelle année-là ?

— Tu es dans le nouveau monde ! Ta génération et surtout les générations antérieures à la tienne ont détruit l'ancien monde. Nous avons traversé l'ère de l'éveil des consciences.

— C'est trop pour moi là ! Je suis mort ?

— Tu n'en as pas l'air !

Kery était perdu, il ne comprenait rien. Ils avancèrent dans cette vaste végétation, continuant à échanger, sans s'apercevoir qu'un grand chat roux les observait.

A des milliers de kilomètres de là, dans un immense temple, des êtres géants se tenaient autour d'une belle table rectangulaire où la nourriture défilait.

C'était l'heure du déjeuner et les mets les plus somptueux y étaient dressés. Il y avait des fruits, des centaines de fruits de toute sorte, bananes, noix, pamplemousses, corossols, amandes... il y avait également des dizaines et des dizaines de rafraîchissements et des fontaines dans lesquelles l'eau scintillait comme si elle contenait des paillettes d'or. La table était absolument incroyable. Le temple était si beau qu'il paraissait être la maison de Dieu. Les chaises autour de la table étaient de sublimes trônes baroques. De gigantesques colonnes soutenaient les hauts plafonds où étaient suspendus d'immenses lustres faits de cristaux et de pierres précieuses. Le plafond laissait apparaître le ciel sous de grands dômes transparents qui paraissaient invisibles.

Avec ces géants, il y avait des êtres humains et parmi eux se trouvait une femme; Renaissance.

C'est une femme dégageant une aura capable de pénétrer n'importe quelle âme.

Sur son visage on peut lire la sérénité. Sa posture est gracieuse et ses gestes élégants. Son regard est particulier et s'il est vrai que dans le regard se trouve le reflet de l'âme, dans le sien on peut y voir toute sa profondeur et son mystère.

Quand ses yeux se posent sur vous, la fascination vous envahie. Sa

3

manière de regarder est déstabilisante et rassurante à la fois. Quand elle établit un contact visuel avec vous, vous êtes inévitablement pris dans un tourbillon d'émotions.

Des sentiments de paix, de respect, d'amour vous envahissent et vous pouvez ressentir la puissance qu'il y a à l'intérieur de cette enveloppe charnelle, ce corps femelle à la peau douce et dorée, aux cheveux long et soyeux.

Renaissance; la juste et parfaite incarnation de la femme.

Alors qu'elle se trouvait assise tranquillement un peu à l'écart, scrutant l'horizon, fumant avec classe un joint de marijuana et savourant un jus de pomme, elle vit au loin le grand chat roux; Simba. Quand celui-ci l'aperçut, il poussa un fort et long miaulement. Le temps semblait s'être arrêté, un silence s'installa et l'ensemble des êtres qui se trouvait dans le temple se tourna vers la femme. Un géant l'interpella :

— Ô Renaissance que se passe-t-il ?

— Simba vient de m'informer qu'un humain de la zone 66 s'est réveillé, répondit elle.

— Il faut le retrouver au plus vite, plusieurs déjà de cette espèce humaine ont disparus, il ne faudrait pas qu'ils se retrouvent, les humains sont dangereux et destructeurs. On vous aura prévenu.

— Otos, je te remercie, mais le conseil va traiter ce sujet et avisera. Je te rappelle que je suis un être "humain" ainsi que les membres du conseil !

Il poussa un grognement sourd, se tourna vers la table et se remit à manger.

Otos était le plus vieux des géants, et fut l'une des premières créatures à vivre dans ce nouveau monde. Il appréciait Renaissance mais cela ne l'empêchait pas d'avoir beaucoup de réticence envers les êtres humains.

Renaissance quitta le temple, elle voulait réunir les douze membres du conseil au plus vite.

Ils étaient tous issus de l'ancien monde; celui d'où provenait Kery. Les humains qui peuplent "le nouveau monde" sont appelés "Reborn", ils cohabitent avec des géants et d'autres créatures extraordinaires. Ils sont dotés d'une sensibilité exceptionnelle qui leur a permis d'éveiller leur conscience et de rencontrer leur âme avant que l'ancien monde sombre dans le chaos.

Deux personnes de la zone 66 s'étaient réveillées avant Kery; deux hommes qui étaient portés disparus. Les cas comme Kery étaient donc encore inconnus pour les géants et les Reborn.

Renaissance savait que pour certains l'inconnu fait peur. Si elle n'accordait aucun crédit à cette énergie limitante qu'est la peur, elle n'en était pas moins attentive pour préserver l'équilibre qui régnait entre chacune des créatures.

Elle savait qu'elle devait rapidement retrouver les trois hommes....

CHAPITRE 2
Les semeurs de graines

Pendant ce temps, Kery et Jenah s'étaient arrêtés dans une magnifique crique.

La mer était calme, l'eau turquoise et Kery était subjugué par ce paysage paradisiaque. Jenah n'arrêtait pas de parler, elle était vraiment excitée de s'être fait un nouvel ami.

— Dis-moi, dit Kery à Jenah, tu n'arrêtes pas de me poser mille et une questions mais l'inverse serait plus logique.

— Logique pourquoi ?

— Ben parce que je sais pas ce que je fous là !

— De quoi te souviens-tu ?

— Je ne sais pas, j'ai des "flashs" des images chelou me reviennent en tête, ça fait grave flipper.

— Tu sais Kery, je trouve ton langage vraiment étrange. Comme si tu étais fâché avec les mots.

Kery parlait ni plus ni moins le langage qu'il connaissait; rien d'impoli vis à vis d'autrui, il vivait et parlait avec son temps.

Pour Jenah qui était née dans un monde où on lui avait enseigné dès son plus jeune âge l'importance et le pouvoir des mots, le vocabulaire de Kery lui semblait pour le moins décalé.

— Mon cher Ami, reprit la jeune fille, je ne sais pas grand-chose de toi pour t'aider, mais ce que je peux te dire, c'est que tu proviens de la planète terre, à une autre époque. Quand la fin de ton monde est arrivée pour laisser place à un autre, certains humains sont morts et d'autres sont tombés, comme toi, dans un sommeil profond. Un peu comme une mort physique temporaire.

Ton âme est restée là, prisonnière de ton corps. A l'école de la connaissance, j'ai appris que les âmes restaient sur terre tant que leur mission n'était pas accomplie.

Cela vaut pour les grandes âmes, je suppose donc que ton âme est grande ! J'ai appris aussi l'importance des mots, on m'a enseigné cela. Tes mots ont du pouvoir, ils ont un pouvoir sur toi et sur autrui, et tu te dois d'avoir une parole impeccable et un langage intérieur positif. Tu connais l'histoire des semeurs de graines ?

— Non absolument pas, mais je t'écoute…

— Et bien c'est nous ! Nous sommes tous des semeurs de graines, chaque humain a le pouvoir de semer des graines. Tu connais le proverbe : "On récolte ce que l'on sème."

— Oui oui, je connais.

— Très bien, alors si tu connais ce proverbe, prends le en considération afin d'intégrer dans ta parole et ton langage intérieur des mots positifs, car tes mots sont comme des graines, et c'est avec ces mots que tu orientes ta vie.

Pour nous et pour autrui nous semons des graines. Nous semons pour nous même en ayant un langage intérieur qui donne la direction à notre conduite, si par exemple chaque jour je me complimente; je sèmerai des graines d'amour, de compassion, de tolérance, de respect…

Et mes agissements seront enclins à l'amour, la compassion, la tolérance, le respect.

A l'inverse, si je tiens un discours intérieur négatif en me dénigrant, je vais semer des graines négatives, donc pour moi-même je prends conscience de cela et je pense à chaque graine que je sème quotidiennement.

Puis il y a celles que nous semons pour les autres, par exemple, quand l'humain est dans une relation amoureuse, son partenaire peut provoquer colère, jalousie, peine… parce que l'humain peut aussi planter des graines chez autrui. Mais ce qui est merveilleux c'est que nous sommes les seuls maîtres de notre jardin, ce qui veut dire qu'on peut aussi gérer ces graines et ne pas laisser l'autre les planter.

Mais parfois elles ont déjà été plantées et elles ont même germées, et là encore c'est merveilleux, car il ne tient qu'à nous de ne plus les arroser !

Prends conscience que tu es un semeur de graines et sans doute mieux encore, un créateur de graines. Alors crée les graines les plus extraordinaires qui soient et plante les, arrose les, prends en soin, donne leur de la lumière et aime les.

Prends conscience que tu es un maître, ton maître, en réalité tu peux tout être, tout faire, tout avoir. Tu peux tout !

Sur ces mots Jenah s'interrompit brusquement et se mit à pleurer.

— Ben qu'est qui t'arrive petite sœur ?

— C'est triste.

— Quoi donc ?

— C'est triste que personne ne t'ai enseigné cela quand tu étais petit, et c'est triste parce que beaucoup d'humains dans le passé ont vécu et sont morts avec des mauvaises graines, ça me fait de la peine. Je vois dans ton regard l'âme d'un gardien de la terre, et je crois savoir pourquoi tu n'es pas mort avec les autres, dit Jenah toute éprise de sanglots.

Soudain un magnifique cheval apparut en hennissant.

— Wow ! J'ai jamais vu un cheval pareil même pas sur Google* ! dit Kery tout émerveillé.

C'était un grand cheval au pelage noir et luisant, avec des muscles impressionnants. Il trottait avec grâce comme s'il était le roi des chevaux.

— Je dois y aller, dit la petite fille.

— Quoi ? Aller où ? Je vais faire quoi moi ? Je vais où ? Et toi tu vas où? demanda Kery tout paniqué.

Le cheval arriva près d'eux et tel un animal apprivoisé, s'abaissa devant la petite fille, elle monta dessus, il se releva. Jenah fit un sourire à Kery et lui dit :

— Mon frère, je suis heureuse de te connaître et j'espère te revoir. Je te souhaite une longue vie d'amour et de bonheur.

Je dois rentrer chez moi et toi tu dois trouver ton chez toi. Je sais avec conviction que tu es un gardien de la terre, tu communies avec elle, alors tes pas qui la foulent te mèneront là où tu dois aller. Il y a une grotte dans la montagne que tu vois là-bas, je te conseille d'y passer la nuit, tu y seras en sécurité, lui dit-elle en pointant du doigt la plus haute des montagnes de la chaîne montagneuse qui se trouvait derrière eux, puis reprit:

— Porte toi bien et puisse ton âme se révéler. Le cheval hennit et partit au galop. Kery regardait la petite fille s'éloigner et réfléchissait à ses mots.

— Semeurs de graines, gardien de la terre, mon maître... se murmurait-il.

Il resta pensif un long moment à contempler le ciel et la mer, puis la faim commença à lui donner des crampes d'estomac.

Kery quitta la plage et avança vers la végétation dans l'intention de cueillir quelques fruits. Il reprit ses pensées, mais sans oublier qu'il était un semeur de graines.

Au loin dans la montagne, il aperçut la grotte dont Jenah lui avait parlé, il décida de se ravitailler en eau et en nourriture et de s'y installer pour la nuit.

CHAPITRE 3
La grotte

Kery était arrivé au pied de la montagne, il découvrit une belle rivière où l'on pouvait observer de beaux spécimens de poissons. Tout à coup il aperçut un coffre en bois, il l'ouvrit et vu qu'il contenait des récipients et des filets soigneusement rangés. Il prit un bol et un filet qu'il remplit des quelques fruits qu'il avait cueilli en chemin, puis il continua son expédition.

Il entendit le son merveilleux d'une cascade, il se dirigea vers ce bruit et trouva une ouverture dans la roche où un jet puissant d'eau claire semblait être la source de cette rivière. Il fit un peu d'escalade pour l'atteindre.

Quand il arriva à la source, il se mit à boire à pleine bouche. Son cœur était rempli de joie. Cette eau hydratait son corps et remplissait son âme d'allégresse, de plaisir et de gratitude. Tout son être pouvait ressentir le miracle de l'eau.

Kery rempli son récipient en remerciant à voix haute l'eau, la source, la montagne, puis il se reprit et se murmura :

— Hé mec tu délires tu parles à de l'eau... wesh* !!!

Puis il écarquilla ses yeux et se dit à lui-même qu'il allait perdre la tête, et pour signe avant-coureur, il parlait tout seul !

Il avait ramassé assez de fruits et avait sa provision d'eau, alors il s'empressa de redescendre pour remonter par un sentier qu'il avait repéré pour atteindre la grotte.

Après une bonne heure de marche et d'escalade périlleuse, il arriva devant la caverne qui paraissait beaucoup plus petite vue d'en bas. Il rentra à l' intérieur et remarqua immédiatement le changement d'ambiance et de température. Le lieu était silencieux, il avait l'impression de pénétrer dans un endroit sacré.

Il posa ses provisions et s'aventura dans l'immense refuge.

— Hé oh, y'a quelqu'un ?

Sa voix fit écho mais personne ne semblait être présent.

Kery se disait intérieurement que la grotte semblait être gigantesque. Et pour cause, il se trouvait effectivement dans une grotte qui ne comptait pas moins de 171 kilomètres de galeries, avec 1618 mètres de dénivelé, 63 entrées et 9 rivières souterraines.

Il décida de s'installer pas trop loin de l'entrée, il commença son repas composé exclusivement de fruits et s'endormit rapidement.

Au petit matin, il fut réveillé par un aboiement, il sursauta et vit arriver droit sur lui un grand chien blanc, suivi d'un homme.

— Oh, oh, tranquille, tiens ton chien ! dit Kery d'une voix forte.

— Qui es-tu ? dit l'homme.

— Je m'appelle Kery et tranquille, je veux pas de problème.

— Qu'est-ce que tu fais là ? Tu viens d'où ?

— Ah ça mec, j'en sais rien. Je me suis réveillé hier en pleine nature, dans un endroit chelou, genre décor à la Tarzan, ambiance à La belle au bois dormant, mes idées sont pas claires, j'ai traversé un mur invisible bourré d'électricité statique, j'ai rencontré une petite fille qui ressemblait à un ange, j'ai vu un cheval tout droit sorti d'un film hollywoodien, bref hier soir j'étais K.O. Je suis venu ici juste pour passer la nuit.

— C'est ma grotte !

— Pas de problème mec, je te l'ai dit je cherche pas l'embrouille.

L'homme scruta Kery, s'approcha de lui et le regarda fixement dans les yeux.

— Hé mec, dit Kery, tu veux quoi là ? T'as un regard de psychopathe !

— Ouais je sais, ramasse tes fruits et suis moi.

— On va où ?

— Tes fruits vont attirer les bêtes, suis moi, je vais pas te manger je suis végétarien.

Puis l'homme siffla et reprit en s'adressant au chien : "C'est une bonne surprise ça ! N'est-ce pas Chico ? "

L'homme s'enfonça dans la grotte suivi par le chien. Kery ramassa ses fruits et s'empressa de les rejoindre. Ils marchèrent dans le silence pendant une bonne vingtaine de minutes.

L'homme avait de long cheveux blonds et bouclés, il portait une barbe, avait une belle musculature, il était dans la force de l'âge et ressemblait aux prophètes décrits dans les livres. Il dégageait un charisme et une aura qui intriguaient Kery. Ce dernier lui demanda :

— Tu vis ici ?

— Oui je vis ici, il y a tout le confort nécessaire tu sais.

— J'imagine… c'est quoi ton prénom ?

— Je m'appelle Angel et lui c'est Chico, dit l'homme en montrant le chien.

— Et y'a beaucoup d'habitants dans le coin ?

— Oui, il y en a, mais je te conseille de te tenir à l'écart.

Puis Angel s'arrêta devant un trou dans la roche, regarda Kery et l'interrogea :

— T'aimes bien les toboggans ?

— Les toboggans ?

— Oui les toboggans ! Regarde, Chico va passer en premier, puis moi et ensuite toi. Tu croises tes bras sur ta poitrine, tu te penches bien en arrière et tu te laisses glisser. Tu ne crains rien, on va atterrir dans l'eau.

— Ah ouais, super rassurant...

Kery n'avait pas fini de parler qu'Angel fit sauter Chico dans ce trou qu'il nommait toboggan et sauta à son tour.

Kery resta un moment hésitant puis se lança lui aussi et se laissa glisser. Il se sentait comme un gamin, il se mit à hurler de joie, il avançait de plus en vite. Soudain, il aperçut une lumière et en ni une ni deux, fit un saut dans le vide puis atterrit dans l'eau.

Il se retrouva dans un bassin d'eau naturel. L'eau était fraîche et claire. Il se mit à nager sur l'eau, sous l'eau, il était vraiment en train de profiter du moment présent.

Angel en était déjà sorti et le regardait apprécier ce moment, puis Kery lui dit :

— Tu sais mec, depuis que je me suis réveillé dans la nature, je me sens différent, je me sens bien, et c'est bizarre parce que tout ce qui m'arrive est complètement ouf. J'ai des flash dans ma tète, je sais qui je suis mais c'est confus. Tu vois, je sais où je suis né, je sais où j'ai grandi, je me souviens de mes parents, de mes frères et sœurs, mes potes, ma meuf*, j'ai des souvenirs de mes journées passées au quartier, tout ça quoi...

Ça paraît tellement irréel et tellement lointain. Ici je me sens nouveau, je me sens bien, c'est hallucinant parce que c'est comme si des barrières étaient tombées.

J'ai pas peur, j'ai juste le trac comme avant de monter sur scène. Tu vois le délire ?

Angel le regardait avec un sourire fraternel et répondit :

— Tu sais mon frère, la vie est merveilleuse et nous sommes des êtres merveilleux. Je partage ton bien être, et je partage cette joie du début quand tu te découvres, quand tu te révèles, quand tu rencontres ton âme; La rencontre avec le Divin.

Tu es en train de te découvrir et je suis si heureux que l'univers me choisisse pour t'accompagner dans ce moment.

— Oui si tu veux, dit Kery qui n'avait pas tout saisi, mais je vais me révéler comment ? Et tu dis que je vais rencontrer Dieu ?

— Tu vas rester avec moi quelques jours si tu le veux bien. Ensuite tu partiras à la rencontre d'un ami, je pense qu'il te montrera une partie de la réponse à ta première question. Pour le reste, affirmatif, mais il y a des étapes et tu seras obligé de les passer dans l'ordre, c'est le plan parfait de Dieu. Pour l'instant, je te propose de sortir de l'eau et de venir au soleil recharger la pomme de pin que tu as dans le crane.

Kery regarda autour de lui et vit une ouverture d'où provenait la lumière qui éclairait cet endroit magnifique. Il ne comprenait pas tout ce que lui disait Angel, mais ne se posait pas plus de question, il semblait commencer à apprendre à écouter.

— Je vis ici depuis presque un an maintenant, je sais que tu viens de la zone 66, j'y étais aussi. Tu sais que nous sommes très peu de survivants ? dit Angel.

— Survivants ?

— Oui, écoute moi, j'ai fait le choix de rester caché. J'ai vu des gens ressemblant à des leaders qui me cherchaient partout. Ils sont apparus par les trous blanc. Moi les "leaders" c'est pas ma tasse de thé alors je préfère rester caché, tu saisis ? Ce que je veux dire c'est que tu n'as pas intérêt de parler de moi à qui que ce soit !

— Ben non, j'ai pas l'intention de parler de toi ! Mais on est où là, c'est quoi les trous blancs ? Et c'est qui ces leaders ?

— Ici mec, t'es en France sur la magnifique Côte Vermeille. Les trous blancs ce sont des trous blancs ! Tu en vois un peu partout, ils sont situés souvent sous les grands arbres, je ne sais pas trop ce que c'est. Pour les leaders, j'ai dit; "qu'ils paraissaient être des leaders", mais à vrai dire je n'en sais rien. Comme je te l'ai dit, ils sortent par ces fameux trous blancs. J'ai vu une dizaine de ces gens-là en sortir une fois !

Je ne sais pas si pour repartir ils se servent de ces trous, crois moi, j'ai pris mes jambes à mon cou et je n'ai pas cherché à en savoir plus !

— Tu vois jamais personne ?

— Seulement mon ami le conspirationniste qui vit plus bas.

— Le conspirationniste ?

— C'est un monsieur d'une cinquantaine d'années, ancien braqueur de banque super énervé contre les flics, les politiques, les institutions... Il dit qu'il a été accusé d'alimenter la théorie du complot pendant l'état d'urgence alors qu'on était en guerre, en réalité il désirait simplement aider son prochain. Bref, il a été jugé fou et les gens l'ont surnommé le conspirationniste. Il est très méfiant mais très gentil, il paraît fou c'est vrai mais il est loin de l'être, c'est quelqu'un de très instruit et de très manuel, c'est d'ailleurs lui qui m'a aidé pour optimiser mon habitation. Mais je ne t'ai pas fait visiter ? Viens voir je vais te montrer le travail !

Kery le suivi dans sa grotte, il la lui décrit comme un lieu sacré; une offrande divine d'amour et de protection au cœur de la montagne.

Il lui présenta son réfrigérateur en argile 100% autonome :

— Ce frigo-là, c'est le conspirationniste qui me l'a fabriqué. Il s'est inspiré de l'invention d'un indien, un certain Mansukh Prajapati. Un potier qui retrouva un jour son atelier de jarres traditionnelles du Gujarat complètement ravagé par un tremblement de terre. Mais ce brave indien ne fut pas découragé, et eut une brillante idée; fabriquer un réfrigérateur écologique en argile ! Pas besoin d'électricité, génial n'est-ce pas ?

Puis il emmena Kery dans une autre cavité où il y avait une ouverture par laquelle la lumière du jour pénétrait abondamment.

— Voici ma pièce pour le linge, et j'ai tout bricolé moi même ! dit Angel tout fier.

Là, se trouvait une petite machine à laver de camping fonctionnant à l'électricité solaire. Il y avait un séchoir, des panières en osier, de grandes bassines et un dressing fait de bois, tout était très bien organisé.

— Alors mon pote, t'en crois pas tes yeux n'est pas ?

— J'avoue, j'ai jamais connu un meilleur bail*!

— Et oui, reprit Angel tout sourire, c'est dame nature en personne qui me loge, avec toute sa générosité, sans rien demander en échange.

Il emmena Kery dans sa pièce à vivre. Il y avait plusieurs banquettes faites de palettes de bois et de matelas, des pignes de pins, des plantes, un arc et des flèches artisanales, un attrape rêve fait de cordelette de chanvre et de plumes de paon. En grand, inscrit sur une paroi, on pouvait lire le mot "POSITIVE" qui était encadré de six bois flottés, la décoration était chic et bohème comme le dirait un magazine contemporain du 21ème siècle. Tout était disposé avec goût et la grotte était une habitation confortable.

— Tu vis ici en toute autonomie ? demanda Kery.

— Absolument ! Je vis d'énergie propre et renouvelable, de panneaux solaires, j'ai zéro déchet et beaucoup de compost pour la terre, puis je me sers des épluchures de légumes également pour mes poules qui sont dans un poulailler, un peu plus loin au pied de la montagne. J'ai récupéré beaucoup de chose, des vestiges de l'autre monde. Nous sommes dans une région où il y avait beaucoup de campings, la plupart ont été complètement détruits, mais par-ci par-là, connaissant bien le coin, j'ai pu trouver des matelas, de la ferraille, des tuyaux, des récipients en tout genre, j'ai même récupéré un vélo !

Il continua ainsi, montrant à Kery la complète autonomie dont il disposait et le confort de sa grotte.

Les journées passèrent et Kery eu l'occasion de nourrir les poules de son hôte, faire de la cueillette, ramasser du bois, faire des siestes à l'air libre au pied des arbres, apprendre à écouter le bruit de la nature, lire l'heure avec la position du soleil.

Mais ce que Kery appréciait le plus c'était les réveils, la joie d'ouvrir les yeux le matin, l'immense gratitude d'être en vie et de se sentir vivant, car ces deux choses sont bien différentes. La gratitude de sentir chaque partie de son corps en parfaite santé, sa force et la perfection de chacune de ses cellules. La gratitude pour la sérénité et la paix qui régnaient en lui et tout autour de lui et le soir en allant se coucher; la satisfaction d'avoir rempli sa journée de moments constructifs et d'apprentissages.

Kery s'enrichissait chaque jour, et Ô combien est grand l'enrichissement de l'âme. Il devenait un autre homme, plus vivant. Il découvrit le présent; un trésor inestimable qu'il chérissait désormais. Il vivait pleinement profitant de chaque instant, conscient, ici et maintenant.

Le matin du septième jour, après un copieux petit déjeuner et après avoir lézardé au soleil Angel dit à son invité :

— Mon ami, la matinée est bien entamée, il est presque dix heures. Il est temps pour toi de découvrir d'autres horizons et d'explorer un peu plus ton véritable toi. J'ai vu ton visage s'illuminer jour après jour, c'est simplement le signe que ton âme est lumineuse et je suis tellement reconnaissant que l'univers m'ait choisi pour assister à ça.

Il tendit un sac à dos à Kery et reprit :

— Mon frère voici quelques provisions, un peu d'eau et de nourriture, de quoi tenir largement le temps d'arriver chez le conspirationniste. Va le voir de ma part. Sa rencontre te sera profitable. Tu devras marcher durant deux bonnes heures, je t'accompagne jusqu'à l'entrée sud de la grotte pour te montrer le chemin que tu dois emprunter et pour t'indiquer par où passer. Il y a dans ton sac un plan que j'ai dessiné.

Puis, il lui dit au revoir et le raccompagna à l'entrée, ou dans ce cas précis pour Kery, plutôt à la sortie de la grotte. Ce dernier remercia son hôte de sa gentillesse et de son hospitalité, puis partit.

Il prit le chemin indiqué par son ami, et suivit scrupuleusement ses indications.

Kery se sentait heureux, confiant et en paix. Son moral était joyeux et il ne se pressait pas sur le chemin. Il prenait le temps de contempler la nature, d'écouter le chant des oiseaux, de respirer l'air pur et sans aucun doute béni de ce nouveau monde.

CHAPITRE 4
Le conspirationniste

Après trois bonnes heures de marche Kery arriva devant un casot*. Il y avait un petit escalier de pierres devant un portillon. Une barrière de bois entourait la jolie petite bâtisse. Le jardin était ravissant. L'herbe était soigneusement taillée, il y avait une table et des chaises en bois, un petit potager et un magnifique chêne sur lequel était suspendu un hamac. C'était vraiment ravissant.

— Y'a quelqu'un ? demanda Kery.

Un homme aux cheveux bruns et courts, au regard profond avec de grands yeux marrons en amande, rasé de près et d'une allure assez élégante, sortit de la petite maison et demanda à Kery qui il était.

— Bonjour ! Pas de panique je suis pas flic, dit Kery en rigolant, j'étais avec Angel, le jeune homme qui vit dans la grotte. Il m'a dit de venir te trouver. Tu es bien celui que l'on surnomme le conspirationniste ?

— Tu connais la différence entre un flic et un dit "voyou", délinquant ou autre, demanda l'homme d'un air grave et sérieux.

— Heu… j'ai mon idée, mais je t'écoute...

— Attentivement alors ! Sois certain que l'un pourra évoluer, se transformer même, peut-être parce qu'il serra allé au plus profond de ce qu'il n'était pas. L'autre n'évoluera pas, il sera conditionné de plus en plus, il restera minable toute sa vie.

L'un apprendra de ses erreurs, se repentira, comprendra, se pardonnera et avancera.

Il aura des moments de sagesse qui découleront d'instants de colère et s'indignera contre les conditions de détention des prisonniers mais encore plus sur le fait que quelqu'un puisse récidiver et prolonger son séjour en enfer.

Il méditera sur ce qui crée ces dit "voyous" et comprendra qu'ils sont en réalité les victimes d'un système qui est l'origine du mal.

Il s'offusquera contre les personnes qui se laissent manipuler par le système, les esclaves des temps modernes, qu'il appellera vulgairement les moutons, ces êtres endormis par les médias, empoisonnés par la bouffe toxique qu'ils ingèrent, intoxiqués par l'air qu'ils respirent. Et parmi ceux-là, ils y a ceux qui rouspètent après ce système mais continuent d'envoyer leurs enfants dans ces institutions débilitantes qu'ils appellent écoles. Mais il se révoltera encore plus pour leur manque de foi envers l'Unique, Le Roi des rois, Créateur des cieux et de la terre, puis il méditera sur l'Amour à donner à ce genre de personne, qu'il qualifiera finalement de malade.

Voilà la différence entre quelqu'un qui dès le départ n'est pas rentré dans le moule, qui est allé contre le système et a fait les frais de son opposition.

Il aura peut être mal fait au départ, mais dans le fond c'était juste parce que son âme était en total désaccord avec tout ce qui n'est pas amour.

Puis l'autre continuera d'être le complice du mal, certain de servir le bien en rang dans l'armée du diable.

Pathétique...

Oui on m'appelle le conspirationniste pour ça, entre autre. Aussi parce que je me suis interrogé sur le ciel, au sens propre comme au sens figuré, en ayant remarqué ces traces blanches qui semblaient détraquer le climat, parce que je me suis interrogé aussi sur ces agriculteurs qui balançaient des produits sur leurs fruits et légumes en portant combinaison et masque, mais qu'ils refilaient à bouffer à leur semblable. Parce que j'ai posé des questions sur les religions, les sectes, et les élites inhumaines. Parce que je percevais les messages subliminaux de la presse écrite, des journaux télévisés, des téléfilms, des films, des chansons, des émissions de télé…

Parce que je n'adhérais pas à une société d'exploitation et de consommation, parce que je me rebellais contre l'injustice, parce que j'ai appris à aimer le règne animal et le règne végétal, parce que je dénonçais les banques, les lobbies, l'industrie pharmaceutique, que je ne votais pas et me proclame égal à autrui, qu'il soit roi ou clochard.

Si tu n'es pas avec le système, tu es contre le système et si tu es contre le système, le système fait de toi un voyou, un marginal, un illuminé, ou un conspirationniste !

Tu sais pourquoi ? Parce que tu deviens une menace pour ce système pourri et il n'était pas bon pour ces pseudo élites diaboliques que les véritables détenteur du pouvoir éveillent leur conscience. Car nous étions largement plus nombreux qu'eux.

— OK ! Je n'aurais pas dit comme ça... mais mec, enchanté de te connaître. Ce nouveau monde commence véritablement à me plaire !

— Je me prénomme Jonathan, tu peux m'appeler Jonh si tu veux.

— OK Jonh, moi c'est Kery.

— La marche a du te donner faim et soif, je t'en prie, rentre te restaurer Kery.

Jonathan s'empressa de dresser un superbe déjeuné. Il pressa des oranges, cassa des amandes qu'il plaça dans un joli bol et posa le tout sur la table de bois à l'extérieur.

Ensuite il coupa quelques tranches de pain, sorti un pot de confit d'oignons, prépara une salade composée de pissenlits, de tomates, d'avocats et de noix, ainsi qu'une omelette aux asperges sauvages. Il pela quelques pommes de terre qu'il coupa en frites et les mit à cuire.

Il semblait ravi de recevoir un invité.

— Voilà au menu ce midi; salade, omelette aux asperges sauvages et frites maison évidemment ! dit-il arborant un large sourire.

— Merci, c'est super cool, tu ne me connais même pas et tu me reçois comme un véritable ami.

Jonh explosa de rire et dit :

— Il n'y a pas d'ami véritable tant que l'ami véritable n'est pas pour lui-même son meilleur ami. Mais il se peut que celui-ci soit lassé de ses semblables et n'ait envie d'être l'ami de personne.

Voilà de quoi réfléchir sur les relations dites amicales…

Il ne faut pas en vouloir aux autres, car ils sont souvent des ennemis pour eux même. C'est en apprenant à être pour moi mon meilleur ami et en observant le comportement des gens que j'ai découvert cela.

Les gens sont égoïstes et ne pensent qu'à leur petit nombril. S'ils font une bonne action c'est seulement pour se donner bonne conscience et là encore c'est pour leur petite personne. Ils sont ignorants, ceci n'est pas grave en soit car il est possible de se cultiver, mais cela semble tellement difficile pour certains.

Ils sont parfois gentils mais cela n'ôte point leur stupidité.

J'ai appris à observer mes semblables et j'en ai vu beaucoup, dénaturés de leur vrai nature qui est l'amour. Pauvre d'eux, ils ne m'inspirent que pitié, il y a eu des jours où j'ai ressenti de la compassion, mais il est un fait qu'ils sont stupides malgré ma compassion.

C'est dans l'expérience des relations amicales que j'ai appris à différencier la pitié et la compassion.

Avec pitié je vois des petites personnes, avec compassion je vois des malades.

Pitié pour eux qui ne savent point donner sans rien attendre en retour et pauvres d'eux qui ne savent pas aimer par plaisir. Tous ces imbéciles semblent si attachés à leur stupidité, mais une fois que tu comprends que pour cela, ils sont leur propre ennemi, alors ne te sens point visé par leur attitude, observe plutôt, étudie les…

Tu verras comme le spectacle est pitoyable et en aucun cas tu ne voudras leur ressembler. Tu verras aussi que tu peux mieux qu'eux et tu seras inévitablement pour toi un véritable ami.

Puis tu découvriras que celui qui n'attend rien de personne acquiert l'autonomie, la réussite et le succès.

— C'est donc ce que je te disais, tu me reçois comme un véritable ami, à moins que tu attendes quelque chose en retour ? Ou que tu sois un bon acteur car en t'observant préparer cette table, tu semblais prendre du plaisir.

— Hé c'est que tu es malin comme un singe. Je voulais te tester un peu, je suis agréablement surpris. Maintenant assieds-toi mon frère, soit à l'aise, mange et bois, tu es ici chez toi.

L'homme en quelque minutes avait préparé un appétissant déjeuner et dressé une magnifique table.

Kery remercia son hôte et s'attabla dehors l'âme en joie. Les deux hommes mangèrent dans le calme, échangeant quelques mots dans une atmosphère paisible et agréable. Il faisait très doux, le ciel était dégagé à l'image des pensées de Kery.

Après le repas, Jonh dit qu'il allait faire une petite sieste sur le hamac et suggéra à son invité d'en installer un deuxième, afin que lui aussi se repose un peu, mais il refusa poliment. Il n'avait pas envie de dormir, il se sentait en pleine forme et excité, il préférait s'occuper.

Alors John lui proposa de rentrer dans le casot, de saisir un livre et d'occuper ainsi son esprit intelligemment, mais cela ne semblait pas non plus convenir à Kery, alors il lui dit :

— Mon ami, tu m'as confié être un rappeur, il y a des stylos et des petits livres avec des pages blanches dans mon casot. Entre, prends en un, écris, raconte, exprime toi, confie toi, si tu as besoin d'exorciser des maux avec des mots, alors vas-y, fais toi plaisir !

Ensuite il pointa le soleil du doigt et dit au jeune homme :

— Si je ne suis pas réveillé quand le soleil se trouve pile en face de moi, réveille moi s'il te plaît.

— Super, ta proposition me plaît, je vais gratter du papier, merci beaucoup et bonne sieste !

Jonh s'installa dans le hamac et Kery rentra dans le casot.

Celui-ci était petit, il ne faisait pas plus de vingt mètres carré mais il était très bien agencé; avec un coin salon et un coin cuisine qui étaient séparés par un joli petit mur de brique rouge. Au fond se trouvait une autre pièce, c'était une petite salle d'eau avec wc. Dans la pièce principale, il y avait une bibliothèque qui débordait de livres et à coté se trouvait un petit bureau avec des cahiers aux pages vierges comme l'avait indiqué Jonh.

Kery en saisit un, l'ouvrit et fit défiler les pages entre ses doigts, puis une feuille tomba, il la ramassa et lu;

"Une feuille blanche c'est comme un corps sans âme"

Il sourit, prit le livre, un stylo, et quitta le casot. Il s'installa à quelques mètres de la maison et s'assit au pied d'un pin.

Kery avait passé l'après-midi à écrire, si bien qu'il remplit le livre de textes. Il en fit offrande à John. Ce dernier avec sa personnalité fraternelle proposa à son nouvel ami de passer la nuit avec lui et de partir au petit matin.

Ce qu'il fit.

Le lendemain, il prit la route, John lui conseilla de gravir les montagnes lui assurant que quelque chose d'extraordinaire se produirait.

Kery, curieux et enthousiaste suivit son conseil.

CHAPITRE 5
L'Aigle

Cela faisait quatre heures que Kery avait quitté Jonh. Il marchait frénétiquement dans la nature, il grimpait, escaladait, le soleil était au zénith et il faisait très chaud mais il ne se décourageait pas.

Il continuait d'avancer comme s'il savait où il allait. Seul le chant des oiseaux interrompait le silence.

Il était rempli d'un bien être qu'il côtoyait souvent ces derniers jours, mais c'était nouveau pour lui. Son âme jouissait d'un esprit serein et d'un corps fort, comme transformé en surhomme.

Soudain, il aperçut au sol une ombre qui grandissait rapidement, et en quelques secondes elle le recouvrait totalement. Par réflexe il se jeta à terre pensant que quelque chose tombait sur lui, puis au moment même où il se tournait pour voir ce qui se passait, il entendit un cri puissant et aigu. Là, il vit un oiseau majestueux.

C'était un aigle royal absolument époustouflant de beauté. Il se posa à quelques mètres de lui sur un rocher, et de ce fait à la même hauteur que le jeune homme.

L'Aigle le fixa dans les yeux, Kery était émerveillé mais tout son corps tremblait face à cette noble créature.

Il se sentait petit, vulnérable et impuissant ! Il n'était plus le surhomme des quelques minutes auparavant.

— Tranquille Aigle, tranquille, dit Kery en reculant lentement et montrant les paumes de ses mains.

— Je suis très tranquille, dit l'Aigle.

Kery n'en croyait pas ses oreilles et lui dit tout stupéfait :

— Tu parles ?

— Oui, tu ne lis pas dans les pensées ?

— Heu non, non…

— Que fais-tu ici l'humain ?

— J'avance, je vais voir ce qu'il y a de l'autre côté de la montagne, sans savoir vraiment ce que cherche. Mais attends c'est incroyable ça, je parle avec un aigle !

— Pourquoi ce serait incroyable ?

— Ben, un aigle wesh !!!

— Pourtant, tu me connais depuis ta venue sur terre, puisque certains de tes semblables ont fait de moi leur emblème, et bien avant cela d'autres humains me traitaient avec respect, me vouaient un culte parfois, de l'admiration en tout temps et surtout, ils respectaient ma vie car comme la leur, ils la considéraient sacrée.

— Que s'est-il passé ?

— Voyons, je rêve… mais d'où viens-tu ?

— Du 91 Tartezoo* !

— Hummm, pourtant les gars du TZ* ont du potentiel…

— Cette conversation est très bizarre… tu sais je comprends pas tout là, en plus tu m'as l'air un peu énervé… j'ai l'impression d'être en pleine hallucination… Mais attends Aigle, tu vas faire de moi ta proie ?

— C'est une proposition ?

— Non, j'ai pas envie de finir bouffé par un aigle !

— Dans le passé ça ne vous dérangeait pas de faire de moi un prédateur prêt à tout pour parvenir à ses fins. Vous avez fait de moi un des symboles de la folie des hommes. Et vous étiez mes proies aux quatre coins du monde.

— Je sais pas, et même je ne veux pas savoir de quoi tu parles. Je veux juste continuer ma route. Moi je suis cool, avec tout le monde, avec les enfants, les gens qui vivent dans des grottes ou des casots, les animaux, pas de problème, je suis peace*.

— C'est ça le problème.

— Que je sois peace* ?

— Non, que tu avances sans réfléchir. Un peu comme un poisson mort.

— Un poisson mort ?!

— OUI UN POISSON MORT ! Parce que le poisson mort ne peut rien faire d'autre que de suivre le courant.

— Mais quel courant ? De quoi tu me parles ?

— C'est lamentable, mais je ne suis même pas étonné. J'ai vu tes semblables tellement pitoyables, tellement manipulés, tellement faibles, tellement méchants.

Quand les premiers humains de la terre où je suis né ont été victime du plus grand génocide de l'histoire de l'humanité, quand le peu qui restait a été parqué dans des "réserves" et leurs terres volées, alors j'ai vu à quel point certains humains pouvaient être pires qu'un animal sauvage et j'ai découvert que l'homme pouvait être le plus grand nuisible que la terre n'ai jamais porté!

— Oh, tu vas fort là, je ferai jamais de mal à personne moi.

— Toi, tu es du genre pacifiste ?

— Oui c'est ça.

— Du genre qui regarde, un spectateur.

— Oui, si tu veux…

— Un humain de l'espèce blanche, considéré par les autres humains comme un génie fou a dit un jour : "*le monde est dangereux à vivre, non pas tant à cause de ceux qui font le mal, mais à cause de ceux qui regardent et qui laissent faire*". Je te confirme que cet homme n'avait pas tort !

— C'était qui ?

— Monsieur Einstein.

— Si, si.

— Dis-moi l'humain, avant de te retrouver ici, tu faisais quoi de ta vie pour t'épanouir ?

— Du rap, c'est un mode d'expression avec lequel je suis à l'aise. Je m'épanouissais dans la musique. Je sais pas si ça te parle mais pour faire court, j'étais un peu un poète des temps modernes.

— Hummm… *Libéré de mes entraves, me venger comme un droit. J'ai couru comme un esclave pour marcher comme un roi.*

— Tu gères l'Aigle mais tu me fais flipper c'est une citation ou une menace ?

— Une citation.

— De qui ?

— C'est d'un cerveau éclairé.

— Einstein !

— Cherche encore.

— Je sais pas, Nelson Mandela ?

— Essaye encore…

— Ah ! Mais ça me parle en plus cette phrase. C'est quelqu'un d'aimé ou de détesté ?

— Détester ça n'existe pas, il n'y a que de l'amour refoulé, dit l'Aigle avant de pousser un cri qui fit fuir tous les oiseaux autour.

Kery se demandait ce qu'il se passait quand soudain, il aperçut au loin une silhouette.

C'était Renaissance qui sortait de nulle part.

Kery la regardait émerveillé, tant de grâce et de beauté réunit en un corps, le spectacle était unique.

— Bonjour jeune homme, dit-elle s'adressant à Kery.

— Bonjour Madame, répondit-il tout intimidé.

Renaissance explosa littéralement de rire, Kery sourit et se mit aussi à rire.

— Bonjour Renaissance, dit l'Aigle, je suis heureux de te voir.

— Le plaisir est partagé. J'espère que tu n'as pas trop effrayé ce beau jeune homme.

— Bien-sûr que non, on discutait seulement.

— Bien. J'étais à ta recherche, je suis heureuse de t'avoir trouvé, dit Renaissance à Kery.

— Bye, bye mon ami, dit l'Aigle au jeune homme. La majestueuse créature à plumes se mit à battre des ailes et s'envola aussitôt.

— Aigle, tu m'as pas dit de qui était la citation ? cria Kery.

— *Le Duc de Boulogne* dit l'Aigle, s'envolant dans le ciel en chantonnant :
"*On ne m'entendra plus on ne me verra plus. Regarde vers les nuages, tu verras voler*
ma   *plume*"....

CHAPITRE 6
Le nouveau monde

Renaissance et Kery se rendirent sous un pin où se trouvait un de ces fameux trous blancs.

— Kery tu dois avoir confiance en moi, nous devons voyager et ce trou blanc que tu vois là est notre mode de transport. Ne crains rien, crois seulement, crois en moi. Je te promets de t'enseigner ce qu'il y a de meilleur dans cette vie, dit Renaissance.

Il sentait son cœur battre fort dans sa poitrine. Sans pouvoir se l'expliquer, il savait qu'il allait avoir les réponses aux questions qu'il ne pouvait exprimer. Des questions intérieures, personnelles, profondes et tellement essentielles.

Une énergie inconnue l'envahie. Il sentait monter en lui un sentiment, mais il ne pouvait le nommer, c'était comme une libération, un bien être inexplicable… Dieu Lui-même qui livrait un message ! S'ensuit le silence, la confiance et la foi.

Kery était en train de goûter à la plénitude de l'âme… La promesse du Tout Puissant.

— Tu es prêt ?

— Allons-y.

Renaissance glissa sa main dans celle de Kery, et le fit avancer vers elle. Elle se serra contre lui et ensemble ils s'approchèrent délicatement du trou blanc. Il pouvait sentir sa peau douce et parfumée, la chaleur de son corps et la fermeté de ses gestes et soudain en une fraction de seconde, ils furent littéralement aspirés dans le trou.

Renaissance lui glissa à l'oreille :

— Sois pleinement conscient et apprécie ce moment, puis elle le lâcha…

Il était physiquement comme en apesanteur. Conscient, présent et heureux.

Avec la même force que l'aspiration, ils furent comme soufflés et éjectés. Kery se retrouva à terre sur une pelouse verdoyante, il leva les yeux et aperçu une immense bâtisse droit devant lui. C'était une gigantesque pyramide de verre. Sur chaque côté de son sommet, il y avait des ouvertures en forme de cercle laissant passer les rayons du soleil.

Renaissance observait Kery sur la pelouse, qui semblait être tourneboulé par ce fantastique moyen de transport.

Elle lui dit :

— Comment te sens-tu ?

— Merveilleusement bien. répondit-il, le sourire aux lèvres.

— Relève toi, dit-elle en lui tendant la main, et lui demanda de décrire cette expérience.

— Tu veux dire ce voyage si "trou-blanc" ? dit-il d'un air taquin.

— Oui… décris moi cet instant par une couleur ?

— Le violet sans aucun doute.

— Par une chanson ?

— Juicy de B.I.G pour ses premières paroles.

— Par un aliment ?

— Le miel.

— Par une œuvre d'art ?

— Le David de Michel-Ange.

— Par une symphonie ?

— Le messie d'Haendel.

— Un nombre ?

— 1,618 évidement !

— Par un mot ?

— La plénitude !

— Nul doute sur la beauté de ton âme. Dieu est en chacun de nous, d'être en mesure de l'apprécier est un privilège qui me remplit de gratitude. Viens à présent, il y a du monde qui nous attend à l'intérieur.

Ils pénétrèrent dans la pyramide de verre où se trouvaient déjà plusieurs personnes dont Angel et Jonh.

— Vous faites quoi ici les gars, demanda Kery à ses deux amis.

— Visiblement tu as discuté avec une petite fille avant de te rendre chez Angel, elle a parlé de toi à ses parents et ces derniers ont prévenu ce conseil, et en te cherchant, ils nous ont trouvé, répondit Jonh.

— C'est cool ? reprit Kery.

— Absolument, et bien plus encore ! dit Angel, louant ce nouveau monde et ces nouvelles rencontres.

— Kery, je te présente le conseil, dit Renaissance en désignant des personnes, voici; Dieynaba, Yaye Sakiliba, Christ'Elle, Pénélope, Eloïne, Erwan, Ju'ligth, Anne-Marie, Amma, Franck-N et Céline. Nous sommes impliqués dans le bon fonctionnement de la vie sur terre quelle qu'elle soit, humaine, animale ou végétale.

Nous veillons à ce que chacun se réalise pleinement.

Nous vivons exclusivement d'énergie propre et souvent renouvelable, nous nous déplaçons parfois dans de somptueuses voitures qui fonctionnent à l'eau et nous avons une technologie qui dépasse en tout point la technologie de ton époque.

— Justement où sont les gens de mon époque ? Que s'est-il passé ?

— L'humanité semblait condamnée; guerre, corruption, exploitation, esclavage dissimulé, intempérie, tremblement de terre à répétition et j'en passe. Lors d'un été particulièrement chaud du 21ème siècle, le ciel devint sombre, l'humanité fut plongée pendant plusieurs jours dans l'obscurité comme dans un nuage noir, puis la terre se mit à trembler de toute sa surface.

Beaucoup d'édifices furent réduits à néant, le ciel se mit à gronder et on entendit distinctement le bruit assourdissant d'une énorme trompette.

Le ciel s'éclaircit et devint extrêmement lumineux à partir de là, nous n'en savons pas plus, il semblerait qu'une minorité, peut être entre trois et cinq pour cent de la population mondiale ait survécu à ce phénomène. Le spectacle était unique.

C'est comme si l'on se retrouvait seul au monde, mais une atmosphère de sérénité régnait, et petit à petit nous nous "rencontre-âme" les uns les autres et pour certains d'entre nous, nous nous connaissions.

Voici maintenant plus d'un siècle que nous sommes ici, le temps semble n'avoir aucun effet sur notre apparence physique, nos facultés mentales sont en constante évolution. Nous savons que les gens qui peuplent cette terre aujourd'hui sont des âmes bienveillantes et intelligentes.

D'autres créatures peuplent ce nouveau monde, parmi elles il y a des géants.

Puis il y a les êtres comme toi, qui sont tombés dans un endormissement profond, nous vous avons regroupé dans une seule et même zone, la zone 66. Nous ne savons pas combien vous êtes, parfois nous découvrons des corps endormis.

Les trous blancs sont un merveilleux et miraculeux moyen de voyager. Nous pouvons nous rendre à Paris, au Costa Rica, à Miami, au Mexique, au Canada, en Angleterre, où bon nous semble en quelques secondes.

La totalité des personnes qui sont sur terre ont une intelligence remarquable et pour preuve chacun mange à sa faim, vit où il veut en toute sécurité, la paix règne, et à ce jour personne n'a connu de grave maladie.

Maintenant cher Kery, si tu n'y vois pas d'inconvénient je souhaiterai m'entretenir avec le conseil. Je répondrais à toutes tes questions plus tard.

— Bien-sûr Renaissance, pas de problème.

— Va en paix.

Elle pointa du doigt un buffet et reprit :

— Vous avez à votre disposition de quoi boire et manger, soyez à l'aise et que la paix soit sur vous.

Renaissance et les personnes du conseil montèrent dans un grand ascenseur de verre qui les transporta au sommet de la pyramide, dans une salle où se trouvait un immense fauteuil en forme de cercle, chacun s'installa confortablement.

Au rez de chaussé les trois amis commencèrent déjà à goûter les mets délicieux du buffet. John prit la parole et dit :

— Incroyable cet édifice ! Tout est transparent, impossible d'expliquer rationnellement comment tout cela tient.

— Peut être que le rationnel n'a pas sa place ici ? dit Angel.

Kery resta silencieux.

— Alors mon pote, reprit Jonh en s'adressant à Kery, tu as l'air bien pensif, tout va bien ?

— Oui super. Vous avez pris les trous blancs ? Et toi Angel, c'est bien ces gens que tu avais vu ? Ceux qui paraissaient être les leaders ?

— Oui, dit Angel, on a pris un trou blanc et c'est bien eux que j'avais vu.

— Vous ne trouvez pas que tout semble trop parfait ? demanda Kery.

— Ne laisse pas la peur et le doute pénétrer en toi ! J'avoue que je me méfie un peu aussi. J'ai pris l'habitude d'être sur la défensive avec mes semblables. Mais observe mieux mon frère et tu verras que l'œil ne ment pas ! dit Jonh.

— Tu veux dire quoi ?

— Je veux dire que si tu les regardes droit dans les yeux, tu verras que ces personnes-là n'ont rien avoir avec les pourritures en col blanc du passé, vis au présent mec je t'assure c'est le meilleur moment ! Tu sais ce que j'ai appris ?

— Non ? répondit Kery tout intéressé.

— Personne n'a de carte d'identité ou de nationalité !!!

— Je vois pas où tu veux en venir.

— Réfléchis ! C'est preuve qu'ici nous sommes libres ! Ça ne t'a jamais choqué qu'on te refile un numéro et qu'on t'identifie avec ce numéro via une pièce d'identité ? Et ça ne t'a jamais choqué qu'on t'impose une nationalité ? Tu trouves ça normal ? On naît LIBRE mon frère, alors pourquoi nous imposer une pièce d'identité et une nationalité ? C'est tellement évident !

Kery reçu ce point de vue comme une évidence et lui dit :

— Je comprends…

Trois heures s'étaient écoulées et le conseil était toujours en grande discussion.

Angel était assoupi sous un palmier avec Chico son fidèle compagnon, Jonh était plongé dans la lecture du livre que Kery avait écrit, quand soudain ce dernier l'interrompit :

— Tu as l'air loin...

— Très intéressant, ce sont des textes de rap, du rap conscient, mais mec t'es super violent avec les mots ! C'est la deuxième fois que je lis tes textes, c'est une forme de poésie, c'est profond, merci pour ce cadeau.

— C'est pas grand-chose.

— Je ne suis pas de ton avis, crois moi mon frère, quand je lis tes textes je comprends pourquoi tu es ici !

Jonh fouilla dans son sac à dos et sorti un stylo, puis il demanda à Kery de mettre un titre sur la face du livre. Kery s'exécuta et inscrivit "Paroles vécues dans un monde obscur".

Jonh, tout sourire, récupéra le livre puis fouilla à nouveau dans son sac pour en sortir un bouquin. Il le regarda longuement, le feuilleta en marmonnant, puis il le lui tendit :

— Voici un cadeau. J'adore ce bouquin, y'en a pas deux pareils. A chaque fois que je le lis, je philosophe dessus pendant plusieurs jours.

— Merci mon pote, vraiment ça me touche, dit Kery qui lut le titre à haute voix : "Recueil énigmatique pour le commun des mortels. Recueil spirituel pour les âmes immortelles", ah ouais, tu m'étonnes, rien que le titre il te fait philosopher !

Les deux hommes se mirent à rire, puis Kery fit une accolade à son ami.

Enfin, les membres du conseil sortirent de la pyramide de verre et chacun s'éparpillèrent par-ci par-là, pour disparaître dans les trous blancs.

Renaissance se dirigea droit sur les trois hommes, et dit en regardant Angel et Jonh :

— Nous avons décidé pour vous deux, de vous laisser réintégrer respectivement ton casot et ta grotte. Il serait souhaitable que nous puissions vous rencontrer régulièrement pour apprendre à vous connaître et répondre aux questions que vous pourriez vous poser.

Pour rentrer vous reprenez le même trou blanc par lequel vous êtes arrivés. On viendra vous expliquer ultérieurement comment savoir où mènent les autres trous blanc.

Puis Renaissance se tourna vers Kery et lui dit :

— Je souhaiterai que tu viennes avec moi, je te logerai jusqu'à ce que tu veuilles t'installer ailleurs.

Puis elle demanda aux trois hommes :

— Est ce que cela vous convient Messieurs ?

— Pas de problème pour moi, dit Jonh.

— Ni pour moi, dit Angel.

— Et toi ? demanda-t-elle à Kery qui semblait très pensif.

— Je te suis, répondit-il.

Jonh et Angel dirent au revoir et s'éloignèrent dans la joie.

Renaissance et Kery quant à eux, prirent un autre trou blanc qui les conduisit chez Renaissance.

CHAPITRE 7
L'école de la connaissance

Kery avait passé la nuit dans la prestigieuse villa de Renaissance. Au petit matin, tous deux partirent à l'école de la connaissance qui se trouvait non loin de là.

Arrivé devant un immense bâtiment qui ressemblait à une cité universitaire, Kery put observer des enfants jouer, courir, chanter et peindre en extérieur. Il y avait aussi des petits groupes par-ci par-là qui semblaient assister à un cours, cela toujours en extérieur.

Kery regardait les enfants avec émerveillement et pour cause, les visages de tous ces petits êtres rayonnaient de bonheur.

Soudain une petite fille au loin cria son prénom; c'était Jenah. Elle courut vers lui l'âme en joie, se jeta dans ses bras et l'enlaça longuement.

— Jenah ! Quel plaisir de te revoir.

— Je savais que je te reverrais, je suis si heureuse, dit la petite fille. Puis elle salua Renaissance.

— L'école de la connaissance est grandiose, dit Kery impressionné.

— Oui, tu vois comme c'est merveilleux... Renaissance un cours va commencer puis-je inviter Kery ?

— Bien sur ma chérie, allez-y !

Jenah prit son ami par la main et l'emmena sur une jolie petite colline. Ils étaient aux Bahamas; autant dire que le décor était extraordinaire.

Le jeune homme compta plus d'une centaine d'enfants et remarqua la diversité d'âge et de culture. Comme s'ils étaient là pour exprimer toutes les richesses de chaque pays du monde; enfants indiens, européens, tahitiens, africains, asiatiques... peu à peu chacun s'installa sur de confortables coussins en forme de poire.

Puis arriva un homme visiblement très âgé mais au physique athlétique, vêtu d'un ensemble uni de couleur orange, arborant une longue barbe blanche et coiffé d'un chignon.

Le vieil homme prit place au milieu des enfants et dit :

— Bonjour à vous enfants de la terre, que la paix vous accompagne, puissiez-vous conserver pour toujours vos cœurs d'enfants. Soyez béni par Le Tout puissant !

— Bonjour Papa Arawaks*, que Dieu bénisse ton cœur et que la paix soit avec toi, dirent les enfants tous en cœur.

— Nous avons un nouvel élève aujourd'hui, dit le vieil homme.

— C'est mon ami Kery ! dit Jenah toute fière.

— Bienvenu à toi, dit Papa Arawaks au jeune homme.

— Merci, que la paix soit sur vous, dit Kery subjugué par le physique et la prestance du vieil homme.

Jenah rigola doucement, s'approcha de son ami et lui dit en chuchotant :

— Tu es le semeur de graine qui a rejoint la lumière, c'est super !

Papa Arawaks commença son cours :

— Aujourd'hui, je vais vous conter; **"La légende du soleil"**.

Il déplia un parchemin et lu :

"Dieu avait donné pouvoir à tous les hommes et leur avait offert la terre pour paradis.

Un groupe d'entre eux abusait et se prenait pour ce qu'ils n'étaient pas. Ils vivaient dans la luxure, devinrent égoïstes et avides de pouvoir.

A force de manigances maléfiques, ils réussirent à faire oublier aux autres hommes le don que Dieu avait donné à chaque humain.

Dieu dans son infini patience les laissa faire.

Le temps passait et les hommes malveillants continuaient de piller la terre, et de soumettre l'humanité à leur folie, si bien qu'ils mirent la planète à feu et à sang.

Un jour, un de ces hommes avare de sentiments et qui manquait incontestablement de chaleur humaine, jura devant Dieu qu'il était impossible de donner sans jamais recevoir, et que l'Amour était un sentiment qui pouvait s'acheter et se vendre.

Alors, Dieu L'Unique, réunit en un seul lieu, ces hommes fous qui se prenaient pour des dieux. Il leur rappela que l'Amour était l'essence des hommes et que la lumière en était la preuve. Mais les hommes avaient handicapé leur cœur par trop d'années de cupidité.

Dieu comprit que la parole ne suffisait pas, alors Il leur donna un exemple sur lequel méditer. Il prit l'homme qui avait juré des mensonges sur l'Amour et l'enferma dans le soleil.

Puis Il lui dit :

"Te voici comme un roi dans le ciel puissant brillant et lumineux donnant sans compter de ta chaleur et de ta lumière. Ici tu apprendras que tu peux donner sans jamais recevoir".

Puis Dieu dit aux autres hommes que s'ils voulaient continuer à

faire l'apologie du mal, il restait des milliers d'étoiles.

Depuis ce jour les hommes prêtèrent serment d'appliquer la loi Divine, reprirent leurs pouvoirs dans l'intention de l'Amour et ils réintégrèrent le paradis terrestre avec gratitude.

Chacun, chaque jour, sait désormais que le soleil est là pour nous rappeler que grand, puissant, brillant et lumineux est celui qui donne sans rien attendre en retour".

Papa Arawaks se leva et distribua à chacun la légende du soleil sur papier, en prenant soin de dire un petit mot gentil à chaque enfant.

Il s'approcha de Kery lui tendit le cours et lui dit :

— Reviens quand tu veux, je suis là tous les jours à la même heure sur cette colline sacrée. Tu seras toujours le bienvenu.

Par cette simple attention, la petite phrase du professeur donna à Kery une bonne énergie, car il entendit un message d'encouragement et de bienveillance. Et il répondit :

— Merci Monsieur, c'est très gentil. J'espère sincèrement revenir.

Puis le vieil homme s'éloigna.

Jenah proposa à Kery de visiter l'école. Il accepta avec enthousiasme. Elle lui expliqua que chacun était libre de jouer, de dessiner, de peindre, d'écouter de la musique, de jouer d'un instrument ou même de chanter, de faire du sport, du yoga, seules les règles du matin, deux cours par jour dont un au choix, et la médiation du soir étaient obligatoires.

Jenah emmena Kery dans une grande salle. Elle lui montra un tableau où il y avait inscrit :

Je suis une création divine
Je suis l'Amour inconditionnel
Je suis la paix
Je suis pure énergie
Je suis responsable de ma vie
Je suis le gardien de la terre et de tout ce qui vit sur terre, dans la mer ou dans le ciel.
Je suis une personne forte et courageuse
Je suis en parfaite santé physique et mentale
Je suis un être parfait
Je suis la Vie
Je suis...

— Qu'est-ce que c'est ? demanda Kery.

— C'est une des règles du matin. En arrivant, chacun vient lire ceci, et à la place des trois petits points que tu vois là, tu dis ton nom et ton prénom. C'est un mantra en quelque sorte. Comme tu le sais en tant que semeur de graines, il faut cultiver les meilleures !

— Vous avez des cours obligatoires ?

— Oui nous devons assister à deux cours, un cours chaque jour à l'heure de notre choix avec l'homme médecine et un autre que nous choisissons. Il y de nombreux cours dans la journée, deux sont obligatoires mais nous pouvons en suivre autant que nous voulons.

Renaissance rentra dans la salle et interrompit les deux amis :

— Kery, je souhaiterai te montrer un autre endroit, dit-elle tout sourire.

Kery remercia Jenah pour la visite et lui promit de venir la voir s'il en avait l'occasion, puis Renaissance et le jeune homme dirent au revoir à la petite fille et quittèrent l'école pour vivre une nouvelle aventure.

— Nous allons au Mexique et je souhaiterais te présenter quelqu'un, dit Renaissance

— Super, un autre voyage en trou blanc ! répondit-il tout excité.

Kery s'interrogeait intérieurement, il se sentait tellement différent.

Il avait effectivement beaucoup changé. Il était calme et se sentait puissant. Il comprenait les choses rapidement, et chaque instant de sa vie lui revenait en mémoire avec le meilleur de ce qu'il y eu à en tirer.

Aucun regret, aucun jugement, il avait beaucoup de questions mais avait aussi toute confiance en l'avenir, peut-être, sans doute, parce qu'il avait appris à vivre au présent.

Il savait désormais, que peu importe l'instant, le temps n'est qu'un leurre.

Et il se murmura dans son for intérieur :

"Quand le présent est mis en valeur, l'avenir prend de la hauteur".

CHAPITRE 8
Le shaman

Renaissance et Kery venaient d'arriver à Teotihuacán au Mexique.

Le site était absolument extraordinaire. Les ruines d'antan paraissaient non pas merveilleusement rénovées, mais absolument neuves. Ils pénétrèrent dans la cité. Au loin, au pied de la pyramide du soleil ce trouvait un homme qui semblait les attendre patiemment.

Et Kery demanda :

— C'est la personne que tu vas me présenter qui se trouve au pied de la grande pyramide ?

— Absolument c'est El hijo del sol, un ami shaman que j'affectionne tout particulièrement. Vis cette expérience avec enthousiasme et gratitude. Sois pleinement conscient et confiant.

Quand ils arrivèrent devant le shaman, ce dernier les salua chaleureusement.

Renaissance lui dit :

— Voici Kery, il semble très pensif. J'ai pensé à toi pour que tu l'aides dans son processus avec la rencontre de son âme.

Le shaman demanda à Kery sur quoi il voulait avoir des réponses.

Kery réfléchit longuement et lui dit qu'il souhaitait comprendre l'amour.

— Rien d'autre ?

— Comme chaque homme je souhaiterais comprendre le mystère, mais comme son nom l'indique je doute que ceci puisse être révélé.

Le shaman prit un bâton et sur le sol traça un cercle; à l'extérieur il plaça une plume, à l'intérieur il déposa soigneusement un tissu. Une fois le petit rituel fini, il fit signe à Kery de s'asseoir sur l'étoffe.

Il lui tendit un calumet, Kery le saisit et fuma paisiblement. El hijo del sol commença à faire de grands gestes et à prononcer quelque chose qui ressemblait   à   une   prière.

Puis il s'adressa au jeune homme :

— Fais le vide, ne prononce pas un seul mot, respire consciemment et ne retiens pas tes pensées.

Kery déposa le calumet, ferma les yeux et en bon élève s'exécuta, puis le shaman se mit à taper sur un tambour.

Petit à petit le son accapara l'esprit de Kery et pénétra son âme.

Il sentit en lui une chose vibrer, bouger, clairement se manifester. Il ouvrit les yeux et se leva énergiquement, il se vit assis, respirant tranquillement alors qu'il était là debout le cœur battant.

Le shaman semblait être en transe, jouant encore plus fort du tambour et chantant un dialecte que Kery ne comprenait pas.

Il se tourna vers Renaissance, elle lui sourit et lui montra en pointant du doigt une immense assemblée où se tenaient des millions de personnes. Kery se fraya un chemin dans la foule puis un ange d'une taille gigantesque descendit du ciel.

L'ange était nu et sans aucun attribut, il tenait dans sa main droite une enveloppe, l'ouvrit et dit :

— Je tiens ici une nouvelle de l'Amour, c'est un récit écrit par la Vérité, je suis venu pour vous la lire.

Puis l'ange commença la lecture :

— **"Le SOS de l'Amour...**

Au secours, au secours, cri l'Amour dans le monde des humains.

Quelle erreur de me confondre avec un besoin ou un manque.

Vous vous mettez en couple et appelez ça de l'Amour.

Je suis le sentiment le plus pur et vous faites de moi une complication.

Vous dites que de l'Amour à la haine il n'y a qu'un pas, mais nous sommes des opposés !

Dieu est Amour ! Certainement pas votre temps partagé.

Si vous me connaissiez, vous sauriez que jamais je ne fais pleurer, que je ne blesse personne et que je ne suis pas l'auteur de vos peurs.

Par Amour un peu de bon sens !

L'Amour est propre saisissez-le !

Apprenez de vos leçons et révisez vos émotions.

L'Amour est un, l'Amour est un tout, mais vous pauvres fous vous

ignorez tout."

Puis l'ange déchira la feuille où étaient inscrits ces mots et jeta sur la foule les bouts de papiers qui se transformèrent en milliards de paillettes d'or. Kery en fut aveuglé et quand celles-ci se dissipèrent, il se retrouva seul au milieu du désert.

Là, un enfant apparu et lui tendit un dictionnaire.

— Ouvre le et lis moi le premier mot que tu vois, dit-il.

Kery prit le dictionnaire l'ouvrit et lu :

— Collaborateur.

— Très bien, refais pareil et donne-moi un second mot.

— Conscience.

L'enfant lui tendit un carnet et un crayon et lui dit :

— Je vais te dicter une phrase, tu vas la copier puis tu répondras à la question par écrit. Quand tu auras fini, arrache la feuille et prend bien soin de la ranger dans ta poche, le vent va souffler fort.

Et l'enfant lui dicta la phrase suivante :

"Là où j'en suis dans ma vie, comment ces mots; collaborateur et conscience résonnent-ils en moi ?"

Kery ne chercha pas à comprendre, il se mit à écrire, puis quand il eut fini, il s'aperçut que le petit garçon avait disparu. Il arracha la feuille, la plia et la rangea dans sa poche. Le silence, du sable à perte de vue, la chaleur écrasante...

Kery admira l'étendu du désert, quand soudain au loin, il aperçut le décor se soulever.

Il se mit à courir mais à peine commença-t-il, qu'il fut submergé par des milliers de grains de sable. Le poids l'obligea à s'asseoir, il se débattit de toute ses forces et le sable se transforma en nuage de fumée pour disparaître peu à peu.

Il se retrouva assis près du shaman qui tapait toujours sur son tambour.

Il regarda El hijo del sol tout ébahi.

Le shaman lui sourit et lui dit :

— Tu es un voyageur du temps mais tu ne le sais pas encore. La seule et unique règle des voyageurs du temps est de ne rien révéler de ce don à ceux qui n'en sont pas doté. Garde le tissu sur lequel tu es assis, il te sera précieux.

Puis le shaman se leva, ramassa ses affaires et parti.

Kery resta un moment assis au sol réfléchissant à cette incroyable expérience.

Il avait le sourire aux lèvres et le cœur joyeux.

Renaissance attendait patiemment qu'il se remette de ses émotions, et contemplait la luminosité de l'âme du jeune homme qui faisait rayonner son visage.

Puis il la regarda et se décida à se lever. Il s'approcha d'elle et la serra dans ses bras.

— Merci, lui dit-il.

— Est ce que ce fut plus troublant qu'un trou blanc ?

— Ce fut en tout cas une expérience bien différente.

— Rentrons s'il te plaît, je me sens très fatigué.

Ils retournèrent au Bahamas.

Kery venait de vivre une journée extraordinaire, mais qui l'avait épuisé, si bien que ce soir-là, il partit se coucher sans même manger.

En ôtant son pantalon pour aller dormir, un papier tomba de sa poche; c'était le papier sur lequel il avait écrit dans le désert.

Il le déplia et lu :

"Collaborateur et conscience; deux mots.

Si ces mots font partis de ma vie, alors ils sont là dans le cas précis de "l'histoire de ma vie" pour indiquer, signifier, démontrer et incontestablement prouver l'étroite collaboration entre mon esprit et La source qui m'amène à vivre en pleine conscience pour la révélation de mon âme.

La collaboration consciente avec Le Divin est la clef qui libère notre âme. Ainsi le mystère est une évidence enfouie en chacun de nous".

CHAPITRE 9
La révélation

Le lendemain matin Kery se réveilla un peu plus différent.

Depuis deux jours, il logeait chez Renaissance dans une demeure exceptionnelle.

Il avait à sa disposition une magnifique chambre de tout confort, avec une grande terrasse et une vue imprenable sur l'océan.

Il fit sa toilette et descendit pour prendre le petit déjeuner. Renaissance se trouvait dans la cuisine, quand elle aperçut Kery, elle lui dit :

— Bonjour, que la paix t'accompagne, j'espère que tu as bien dormi.

— Bonjour, que la paix t'accompagne aussi, j'ai très bien dormi, je te remercie.

— Tu arrives au bon moment, déjeunons ensemble !

Ils s'attablèrent à l'extérieur, au bord d'une piscine agencée de manière à tromper l'œil; son eau se confondait avec celle du Pacifique.

— Kery, il faut que je te parle de quelque chose. Lors du conseil, la décision que tu viennes chez moi a était prise, parce que dans ce nouveau monde, il y a des géants comme tu le sais. Ce sont des créatures qui peuplaient la terre bien avant nous. Tous ceux qui sont dans la zone 66 inquiètent les géants.

— Je savais bien que tout n'était pas si parfait.

— Détrompe toi ça l'est. Seulement les géants ne font pas confiance aux humains.

— Mais toi tu es un être humain ?

— Oui absolument, mais c'est différent mon âme s'est réveillée dans l'autre monde, le tien de monde, celui d'où tu viens. Je suis morte là-bas...

— Vraiment je ne comprends rien !

— Tu vivais ta vie là-bas n'est-ce pas ? Puis un jour, tu te réveilles ici, un siècle a passé et tu ne sais absolument pas où tu es. Moi je vivais là-bas une vie qui n'était pas la mienne, je le savais au plus profond de moi. Je vais te raconter quelque chose; quand j'étais enfant je faisais souvent le même rêve, un songe révélateur et alarmant sur ton monde. Je me voyais adulte avec une vie commune à tous les autres. J'avais une vie de famille dite "normale". J'avais un mari et des enfants, comme mes voisins, ma famille...

— Ouais la vie quoi ? Normal je vois…
— En réalité tu ne vois pas ! Tu veux connaître la suite du rêve ?
— Oui bien-sûr, excuse-moi.

Renaissance reprit :

— Nous habitions tous dans des maisons identiques, nous avions des voitures qui se ressemblaient toutes. Le rythme était donné et tout le monde avait le même. Je voyais des vas-et-vient dans les rues, pour faire jour après jour les mêmes choses; emmener les enfants à l'école, aller au travail, faire les courses... Le soir toute cette petite population rentrait chez elle, dînait, allait se coucher et au levé du jour recommençait. Moi, quand mon mari et mes enfants rentraient, je les désactivais car ils étaient des robots; de parfaits petits robots absolument identiques aux humains. Et le lendemain je les ré-activais et faisais semblant de vivre cette vie parfaitement stérile. J'étais enfant, je trouvais ce rêve un peu bizarre mais sans plus...

La vie passa, je grandi, et saisons après saisons, je vécus de nombreuses expériences dans la douleur. Toutes ces choses qui m'arrivaient me mettaient dans des situations et des états malsains. J'ai littéralement vécu l'enfer sur terre. J'ai vu... j'ai vu beaucoup. L'année de mes 36 ans, après tant d'épreuves dures, violentes, qui me rendaient souvent tristes, vécues dans la souffrance, je n'allais pas tarder à savoir que tout ceci était en réalité des épreuves salvatrices J'étais chez moi, tellement épuisée. Pour ne pas devenir folle, je ne réfléchissais qu'à la chose que je faisais au moment présent, et là je ne faisais rien d'exceptionnel. J'étais en train de ramasser du linge...

Dans ma tête je citais ce que je faisais :

"Je retire les épingles. Je pose les épingles dans le panier. Je ramasse le vêtement.

Je retire les épingles. Je pose les épingles dans le panier. Je ramasse le vêtement.

Je retire les épingles. Je pose les épingles dans le panier. Je ramasse le vêtement.

Je retire les épingles. Je pose les épingles dans le panier. Je ramasse le vêtement.

Je retire les épingles. Je pose les épingles dans le panier. Je ramasse le vêtement.

Je retire les épingles. Je pose les épingles dans le panier. Je ramasse le vêtement.

J'ouvre la porte du séchoir. Je sors du séchoir. Je referme la porte du séchoir.

Je monte les escaliers..."

J'étais un être qui venait par sa dernière épreuve de toucher ses limites de pouvoir supporter l'insupportable.

Subitement je mourus.

Je ressuscitais l'instant d'après dans le même corps, la même vie, mais je ne fus plus jamais la même personne.

Mon âme se révéla, mon esprit blessé et fragile n'était plus propriétaire de mon corps. Ce corps était désormais la propriété d'une âme forte et déterminée.

A cet instant précis, je connus la paix intérieure, une plénitude inexplicable. Je venais de recevoir la révélation. Quelque chose venait de me parler avec des mots silencieux.

Kery pressé de connaître la suite lui demanda :

— C'était quoi ? Ça t'a dit quoi ?

Renaissance souri et lui dit :

— L'Amour ! Cette chose qui venait de me toucher venait de me dire que :

"L'Amour est la manifestation la plus puissante qui soit.

L'Amour peut tout vaincre. Faut-il encore savoir aimer et se laisser aimer, faut-il encore savoir s'aimer.

La personne la plus importante de ta vie c'est toi. Par conséquent tu dois apprendre ou réapprendre à t'aimer. Prends soin de toi physiquement et préserve ton esprit.

Écoute ton âme, donne lui sa place, cela fait bien longtemps qu'elle te parle, qu'elle essaye de communiquer avec toi par différents moyens. Mais tu ne l'écoutes pas !

Quand tu as mal au dos ou à la tête, quand tu rêves le soir profondément endormie dans ton lit, quand tu éprouves des regrets pour telle ou telle chose, quand dans ta vie tout semble aller de mal en pis. Réfléchis!

Là, ce moment qui semble si magique dans une action si banale c'est encore ton âme qui te parle. Elle est ton toi véritable.

Tes fringues, ton corps, tes amis, ta famille, tes relations, ta voiture... et tout ce qui t'entoure... ce n'est pas toi ! Tout cela est lié à toi, mais ce n'est pas toi.

Toi, tu es une âme unique, divine, majestueuse.

Ton âme a tout pouvoir, elle te murmure depuis la nuit des temps que tu peux tout être, tout faire et tout avoir...

Maintenant tu vas en prendre conscience doucement avec tout l'intérêt qu'il se doit. Tu te sentiras de mieux en mieux, libérée et tu auras la Foi, la confiance en ce qui est et ce qui sera. Tu atteindras cette Foi, elle ne se verra pas dans ta pratique religieuse, elle se verra par tes actions. Elle se verra sur ton visage apaisé et déterminé.

Elle se verra dans ta vie parce que tu te retrouveras là où ton âme doit être, parce que tes rêves deviendront réalités, et parce que tu

connaîtras tout ce qui en découle; la joie, la paix, la réussite, la prospérité, la santé, la bonne compagnie et souviens toi la meilleure des compagnies c'est la tienne !

La Foi c'est la confiance et la confiance c'est la Foi.

Tu aimeras ta vie et la vie t'aimera, tu aimeras autrui et autrui t'aimera, tu auras un retour céleste de tout ce que tu aimeras.
Tu sais que Dieu est Amour, tu sais aussi maintenant, par ta foi que Dieu est là, qu'Il vit en toi alors aime toi ! "

Renaissance ferma les yeux un instant, sourit et reprit :
— Tu comprends ? Je suis morte dans l'autre monde, puis j'ai ressuscité. Après ça, j'ai vu les choses différemment, mes années de souffrances étaient en réalité un témoignage d'amour de la part de Dieu. Par la suite, j'ai eu des visions qui me faisaient comprendre les choses, c'était génial, j'ai vécu de grand moment d'émotion, pourtant ma vie était la même, crois moi c'était la merde !

Mais ce n'était plus ma réalité, je savais ce que les autres ne savaient pas, je voyais ce que les autres ne voyaient pas.

Je me mis à ressentir l'énergie de chaque être, de chaque chose. Ma vie se transforma comme un conte de fée.

Puis il y a eu cette fin du monde dont je t'ai parlé l'autre jour, j'étais toujours là.

Les gens qui sont dans ce nouveau monde sont des personnes qui avait rencontrés leur âme dans l'autre monde. Les "Reborn" c'est comme ça que les géants nous appellent.

Parmi nous, il y a des voyageurs du temps, comme moi et nous savons comment se comporter dans les deux mondes. Nous pensions que seuls les Reborn avaient la capacité de voyager dans le temps. Mais quand je t'ai vu pour la première fois, j'ai tout de suite su que tu étais différent.

Voilà pourquoi hier je t'ai emmené voir le shaman, ce n'était pas sans raison.

El hijo del sol ne se trompe jamais.

Kery un peu inquiet lui demanda :
— Les géants pourraient me faire du mal ?
— Je ne les laisserai pas faire.
— Ça ne répond pas à ma question…
— Oui Kery, dit-elle d'un air grave.

Renaissance et Kery restèrent un long moment silencieux.

Puis Kery demanda :

— Tu as dit "j'ai vu", tu as vu quoi ?

— Je sais que Jonh t'a offert un livre; Le recueil.

— Oui c'est exact, dit Kery tout étonné.

— Le chapitre numéro 10 s'intitule "J'ai vu".

— Tu as écrit ce livre ? Jonh le sais ?

— Non, il n'en sait rien. Kery, je voyage à travers le temps, le temps qui n'existe pas d'ailleurs… Mais si tu te retrouves avec ce Recueil alors vois là un signe. Tout simplement parce que c'en est un ! Tu es là, tu sais déjà beaucoup de choses, mais tu n'es pas un Reborn. Nous savons maintenant que tu es aussi un voyageur du temps et si tu retournes dans l'autre monde, je dois t'y préparer.

— Quand est ce que je peux "voyager" dans l'autre monde ?

— La nuit quand tu dors, l'âme quitte ton corps, prions pour qu'elle revienne ici et non pas là-bas.

— J'ai hâte de lire le recueil, puis je m'isoler ?

— Bien sur tu es ici chez toi. Tu seras tranquille aujourd'hui, car je dois m'absenter. Je vais retrouver le conseil. Je rentrerai sûrement tard, ne t'aventure pas au-delà de la propriété.

— OK, j'ai une question, bien que je sois époustouflé par ton palais, dit Kery avec humour, j'ai remarqué qu'il n'y avait aucun téléphone portable ici, si je dois te joindre… comment je fais ?

— Tout d'abord je sais ce que tu penses, tu condamnes ceci que tu nommes le "luxe" parce que tu as été éduqué ainsi. Le monde regorge de merveilles. Nous sommes des êtres merveilleux. Où est donc le luxe à avoir ce qu'il y a de meilleur dans ce monde ?

— Vu comme ça…

— Pour me joindre, il te suffit de penser très fort à moi.

— Je connais rien en télépathie, dit-il d'un air ahuri.

Renaissance se mit à rire, puis lui dit :

— Figure toi que moi non plus ! En revanche je sais que nous avons du potentiel et avant que tu me demandes quoi que ce soit d'autre, je t'invite à visiter la bibliothèque qu'il y a dans mon "palais". Tu y trouveras des ouvrages anciens, passionnants et qui décrivent avec exactitude l'étymologie et les racines des mots. Je te laisse découvrir ce qu'est le potentiel. A présent, je dois y aller. Bonne journée Kery, à ce soir.

Renaissance quitta la maison et Kery se précipita dans la bibliothèque.

CHAPITRE 10
Le rêve de Kery

Kery s'était découvert depuis son réveil dans ce monde nouveau absolument fantastique où tous les gens rencontrés aspiraient à la paix, vivaient simplement et en parfaite harmonie avec la nature.

Il avait rencontré son âme à Teotihuacán, cette expérience fabuleuse faisait désormais de lui un autre homme.

Il était en mesure d'agir avec sagesse et intelligence.

Il ne craignait rien, ni personne, puisqu'il savait que son âme était immortelle, éternelle. Il désirait à présent œuvrer essentiellement avec Amour, puisqu'il avait vu sa beauté intérieur et celle des autres.

Il s'émerveillait devant une fleur, un arbre, une rivière, un enfant, un animal, pourtant en réalité, il provenait d'un monde où il y avait aussi des fleurs, des arbres, des rivières, des enfants et des animaux, mais Kery voyait les choses différemment, au-delà du miracle des pixels de ses yeux...

Et évidement que sa vision des choses avait changée puisqu'il voyait avec le cœur.

Kery avait passé toute la journée dans l'immense bibliothèque de Renaissance. Il avait lu le Recueil que Jonh lui avait offert, fait des recherches et avait découvert que le potentiel est un pouvoir illimité dont chaque être humain est doté.

Il réfléchissait au tissu que lui avait donné le shaman puis partit le chercher dans sa chambre et retourna dans la bibliothèque. Il le déplia, le déposa délicatement au sol et s'allongea dessus.

Il y avait un dôme de verre situé au centre de la pièce. Kery était allongé pile en dessous, il n'avait pas calculé son coup et quand il s'en aperçu il sourit, l'esprit plein de gratitude, car il savait que le hasard n'existe pas.

Il contemplait le ciel... des oiseaux passaient et repassaient, son regard se perdit dans l'immensité du firmament. Il vit comme des petits points lumineux, de minuscules points brillants qui se déplaçaient comme s'ils dansaient.

Il plissa les yeux, puis les écarquilla tant qu'il put, refit ceci encore et encore, mais les points ne disparaissaient pas. Il s'aperçut que ce n'était pas sa vue qui lui faisait défaut, mais que ces points étaient bel et bien réels.

A cet instant sans pouvoir se l'expliquer, il eut la sensation d'être dans une autre dimension et comprit la grandeur de la Création.

Il ferma les yeux et s'assoupit. Des images et des pensées allaient et venaient. Puis il sentit comme une présence, bien que ce phénomène était inconnu pour lui, il était calme et confiant.

Enfin, quelque chose lui parla, ce n'était pas une parole orale et aussi étrange que cela puisse paraître c'était comme une voix silencieuse, qu'il comprenait parfaitement.

Il comprit mieux ce que lui avait expliqué Renaissance le matin même.

Et il comprit que la vie était une bénédiction. Une Intelligence créatrice jusqu'alors invisible se manifesta. Il vit clairement sa vie défiler et réalisa que jamais il ne fut seul, pas un seul instant.

Cette Intelligence créatrice n'avait cessé de se manifester dans sa vie, par des milliers et milliers de signes. Il comprit que l'œil, sans une âme apaisée et confiante ne pouvait voir ces signes; ce témoignage d'Amour.

Puis il sentit la présence de Renaissance, dans un langage toujours silencieux, il lui demanda :

— Mais qui es-tu ?

— Sous mon enveloppe charnelle je suis un colosse. Je suis éternellement jeune, toujours dans la force de l'âge. La puissance loge dans mon mental et augmente le potentiel de mes pensées.

Quand les âmes se libéreront tu verras comme je brille, en attendant cette lumière illumine mon esprit et éclaire ma vision.

Ici ou là, je vais en paix.

J'ai travaillé pour cette sérénité et aujourd'hui, je l'a chérie avec gratitude. Je vis dans un monde que j'ai créé, je peux tout faire, tout être et tout avoir.

Et toi qui reçoit ces mots ici et maintenant…

Sous ton enveloppe charnelle tu es un colosse. Sois éternellement jeune et toujours dans la force de l'âge. Que la puissance loge dans ton mental et augmente le potentiel de tes pensées. Tu es un être unique et merveilleux. Tu es fait d'Amour, laisse l'Amour s'exprimer en toi et à travers toi. Le monde qui t'entoure est le monde que tu as choisi.

Que ces mots soient à présent la seule raison d'être de ton esprit. Que ta conscience s'éveille. Que ton âme maintenant, jouisse pleinement de son expérience charnelle. Tu peux tout faire, tout être et tout avoir.

Puis Kery ouvrit les yeux. Il se sentit léger. Il venait d'être touché par la grâce.

Il s'assit et médita un moment.

La nuit était tombée et Renaissance n'était toujours pas rentrée.

Kery avait faim, il alla dans la cuisine et prépara à manger. Il dîna dans le calme en appréciant l'endroit. Il savait qu'il méritait d'être dans ce lieu.

Renaissance avait passé la journée avec les membres du conseil. Elle les informa que Kery était tout comme elle un voyageur du temps, ils prirent la décision de ne rien dire aux géants, craignant de condamner Kery et tous les autres de la zone 66.

Les Reborn connaissent les mondes, ils savent que nous pouvons vivre sur la même planète mais pourtant dans deux mondes différents. Ils savent que la vie est ce que l'on en fait, que nous sommes des semeurs de graines, que nous avons du potentiel, et que par ce potentiel nous pouvons tout. Absolument tout.

Les Reborn savent que l'enfer et le paradis se trouvent sur terre. Chacun choisit de vivre dans un ou dans l'autre, simplement avec son inconscience ou sa conscience.

Renaissance rentra très tard ce soir-là et Kery était déjà parti se coucher mais avait du mal à trouver le sommeil.

Quand Renaissance arriva, elle rentra doucement, presque sur la pointe des pieds. Monta le grand escalier, puis alla toquer doucement à la porte de la chambre de son invité.

— Oui ? dit le jeune homme.

— C'est Renaissance, puis-je entrer ?

— Oui, bien-sûr ! dit-il tout heureux de la retrouver.

Elle entra dans la chambre. Kery était assis sur le lit et l'accueillit avec un grand sourire. Il s'empressa de lui raconter ce qu'il avait vécu durant sa journée. Elle l'écoutait attentivement, d'une oreille amicale, fraternelle, sincère, maternelle, car elle était la parfaite incarnation de la femme et la femme dans sa chair la plus profonde est une sœur, une amie, une épouse, une mère.

Depuis l'histoire du fruit défendu, la première des femmes sur terre connu la douleur et le miracle de son corps. Ce corps qui sert à porter la vie, la vie qui se crée en elle, et qui passe à travers elle. De descendance en descendance, seule une femme peut tout endurer avec encore et toujours plus d'Amour.

La femme n'est pas fragile, elle est sensible. Une sensibilité qui lui permet de ressentir les émotions au plus profond de son être. La femme; créature forte et courageuse qui a la force de tout pardonner.

La femme est la flamme de l'Âme du monde.

Ainsi avec toute sa féminité Renaissance entendait Kery.

Elle avait envie de le serrer dans ses bras mais par pudeur, vertu essentielle à toute femme, elle n'en fit rien.

Il continuait de parler avec toujours plus d'enthousiasme :

— Je sais que tu as communiqué avec moi lui dit-il, et comme une évidence j'ai tout compris. Je sais que je vais repartir, je le sens. Peut-être reviendrai-je en Reborn puisque je sais maintenant que le temps n'est qu'un leurre.

Je choisis de vivre dans un monde meilleur et mon réveil ici à littéralement éveillé ma conscience. Naître et vivre sont une chose, rencontrer son âme et devenir vivant en sont une autre.

Renaissance était très émue, car elle découvrait que le monde qu'elle avait quitté il y a longtemps était encore et toujours porteur d'espoir.

Elle faisait partie de ceux qui savent que la couleur de peau, l'âge, l'apparence physique, le sexe, l'endroit d'où l'on vient, ou la religion n'a aucune importance parce que nous sommes tous des êtres humains appartenant à la même famille.

Bien que la différences soit une richesse, les humains en avaient fait un problème qui ne cessait de les diviser. Et toutes ces choses avaient fini de séparer les hommes de leur véritable nature qui est l'Amour.

Alors, quand elle arriva dans le nouveau monde, elle cessa d'utiliser son pouvoir à voyager dans le temps car elle avait eu trop de peine de voir l'humanité se déchirer ainsi et de ce fait, elle prit la décision de ne plus retourner dans le passé.

La rencontre avec Kery lui permettait de voir qu'il ne faut jamais perdre espoir, car si certains sont capables du pire d'autres en revanche sont capable de donner le meilleur et d'accomplir de grande chose.

Ce parfait inconnu en était la preuve, l'étranger de ce monde était le porteur d'espoir par excellence et Ô combien de Kery y a-t-il encore sur terre ? Nul doutes, beaucoup plus qu'on ne le croit.

Il suffit simplement d'accueillir les personnes en prenant conscience qu'il ont une âme qui veut sûrement, elle aussi aller en paix.

Renaissance et Kery se dirent bonne nuit et cette nuit-là, ils s'endormirent en totale sérénité.

Le lendemain, à l'aube d'un nouveau jour Kery se réveilla, mais il prit son temps avant d'ouvrir les yeux. Il sentait l'odeur du mafé de la veille, plat traditionnel africain, il sourit, il savait...

Il savait qu'il était un voyageur du temps. Il savait que désormais, il pourrait rêver encore et encore parce que la vie n'est qu'un rêve.

Kery ouvrit les yeux, il était allongé sur le canapé dans le salon de ses parents.

Il avait dormi là, car la veille au soir, il y avait eu une grande fête à l'occasion du mariage d'une de ses sœurs. Il louait un petit appartement mais aimait rester dormir parfois chez ses parents. Il tourna la tête et vit son petit frère.

— Hé Mohamed que la paix soit avec toi mon frère ! dit Kery en le regardant comme si c'était la première fois qu'il le voyait.

— Y'a pas école aujourd'hui, j'attendais que tu te réveilles pour regarder les dessins animés...

— J'ai une meilleure idée, aujourd'hui je vais te faire découvrir un endroit magique !

— On va où ? demanda le jeune garçon avec enthousiasme.

— A la bibliothèque !

Kery se leva plein d'énergie et son petit frère lui tendit le tissu que le shaman lui avait offert ainsi que le Recueil que Jonh lui avait donné.

— Quand tu dormais tu as fait tomber ça, dit l'enfant.

La mère de Kery entra dans la pièce.

— Tu as dormi ici mon fils ? dit-elle.

A peine finissait-elle sa phrase qu'il l'a pris dans ses bras et la serra fort, puis lui dit :

— Je sors, je prends Mohammed avec moi.

— Tu vas où? demanda la mère trouvant son fils bizarre.

— J'ai rêvé ma vie, maintenant je vais vivre mon rêve.

Kery sait maintenant, que chacun est maître de la réalité qu'il se crée, et peu importe où il se réveillera, il sera désormais à sa place dans le meilleur des mondes.

GLOSSAIRE

* Baba-cool : (ba-ba-kul) masculin et féminin identiques.

Personne au style de vie non violent, récusant les valeurs agressives, compétitives, etc.

De baba (papa) en hindi et cool (calme) en anglais. Synonyme : hippie

* Chelou : Verlan de louche, au sens de bizarre, par inversion des deux syllabes.

* Norouz est la fête traditionnelle des iraniens qui célèbrent le nouvel an du calendrier persan (premier jour du printemps). La fête est célébrée par certaines communautés le 21 mars et par d'autres le jour de l'équinoxe vernal, dont la date varie entre le 20 et le 22 mars. Elle est d'ailleurs aussi considérée par certaines communautés comme une renaissance voire un mythe, et aussi considérée surtout comme une nouvelle année qui s'annonce.

En français, Norouz est également appelé Nouvel an perse

* Bail/By/Bay : Argot signifiant chose, truc.

Mot servant aussi à désigner un objet ou un événement;

Ex : Je vais faire un by. C'est quel by ?

* Google : Moteur de recherche internet.

* Wesh : Argot. Interjection qui sert à saluer ou à interpeller quelqu'un.

Ex : Wesh, bien ou quoi ?

* Ouf : Verlan de fou, par inversion des deux syllabes.

* Meuf : Argot. Femme, Fille.

* Casot : Cabanon dans les Pyrénées-Orientales.

* Tartezoo / Tz : Argot signifiant Tarterêts (Les Tarterêts est un quartier de Corbeil-Essonnes (commune française située à vingt-neuf kilomètres au sud-est de Paris, dans le département de l'Essonne en région Île-de-France)

* Peace : mot anglais traduit en français par le mot paix. Employé en argot; Ex : Je suis peace signifiant; je suis en paix.

*Arawaks : Les Arawaks sont des Amérindiens des Antilles issus de la forêt amazonienne. Le nom d'Arawaks qu'on leur a donné ne désigne pas un peuple en particulier, mais une famille linguistique à laquelle se rattachent de nombreuses populations amérindiennes d'Amazonie.

Les Arawaks ont été massacré par des colons.

Printed in Great Britain
by Amazon